Das bin ich....

Eine kleine Möwe möchte so so gern zum Nordsee Strand.Sie findet es dort entspannend sehr erholend manchmal auch stürmig auch windig und liebt den weiten weißen Sand. Doch andere Vögel raten ihr mach dich doch zum Süden auf dort ist es immer warm auch Futter gibt es dort zu Hauff. Die Möwe überlegt versuchen kann ich es ja mal eines Tages fliegt sie los über Berge und so manches tiefe Tal.Erschöpft kommt sie auch an bei einem fremden Meer schaut sich nur kurz um jetzt muss endlich Erholung her. Nachdem sie lange ausgeschlafen hat ist ihr Hunger riesig riesig groß so macht sie sich auf die Suche – Schwimmt viel herum es gibt ihr soviel Spaß und ist doch so famos – sie schnappt und frisst und spuckt – Igitt was iss denn das??? Kein Hering – keine Krabbe – was gibt es hier denn für ein Fraaaassss?? Doch der Hunger treibts hinein dennoch ist DAS für sie nix. Schließlich träumt sie vom guten Fang – Von ihrem Nordseemix!!! Außer Hering -Tang und Granat Ihr ist es auch zu Heiß.Nach längerer Zeit ist ihr das südliche Meer doch zu fad und nach kurzer Weile sie für sich weiß SIE will zurück nach Hause –   Doch was iss denn das? Ne dicke Träne fließt Leider - Leider – Nein Nein -hier hält sie es auf die Dauer bestimmt niemals aus „„„ sie will lieber wieder dorthin wo es sehr oft: GIEIESST- Nach hause. Also macht sie sich bei Sonnenschein und guter Möwen Laune auf ihre Rückreise – Ja zurück zu ihrem so geliebten:Nordseewind - Atemlos direkt so ohne pause fliegt sie durch nach ihrem über alle Federn verteilten so innig geliebten: NORDSEE STRAND !! Nur hier gehörte ich hin echt ja ehrlich die Wellen das Meer mein alles geliebter weißer Sand hier bin ich zu hause bis zum heutigen Tag in diesem wunderschönen Land. Meine Augen aufgemacht: am 12.08...Schrei.. Sternzeichen: Löwe.... Brüll... Lieblingsblumen: Rosen- Orchideen - Natur pur - Musik: Deutsche Schlager – Gospel...... Hobbys sind: niemals Langeweile.... Malen – Gedichte/ Erlebnisse aufschreiben... Menschen - unsere Natur beobachten und erleben....

Die Facettenreiche Vielfältigkeit des Meeres..
Fotografieren bis die Linse platzt....
Aber auch meine Homepage:Piuter qualmt:da
kommt die Feuerwehr lach doch mal!!!!!

Nun wünsche ich allen Lesern eine
erholsame Reise, durch das Land
der Buchstaben!!!!!
Die Seele ist ein weites Land -
Das Freundschaftsband hält Ewig -

 Macht die Augen auf.....
Wo ein Mensch ein wenig Zeit -
Oder auch Teilnahme -
Etwas Abwechselung – Gesellschaft -
Oder nur deine Hand braucht....
Kauf dir das raunen des Grases im Wind -
Kauf dir ein liebliches DU -
Kauf dir wenn einmal das Leben verrinnt -
Eine Sekunde dazu......
Wer nur die Hälfte Liebt -
Dieser Liebt dich nicht Halb -
Sondern GARNICHT......

SEI einfach immer nur :DU SELBST !!

POESIE ist für mich gefühlte
SCHÖNHEIT....

Viele Menschen haben viele Meinungen..
Bleib lieber bei dir SELBST...
Dann gehst du immer den geraden WEG...
Mit deiner Freundschaft kannst du viele
Menschen glücklich machen....
Verschenke jeden Tag ein Lachen.....

Sterne sind die Tiere am Nachthimmel...

Der Sinn des Lebens beginnt wie eine Leiter..
Tage – Nächte – Stunden und viele Jahre....
Mit verschiedenen Lebenserfahrungen..
So geht es immer weiter....

Musik hält Ewig Jung und Fröhlich......

Mein lieber Freund.....

Wie geht es Dir? Ich möchte Dir einfach mal schreiben um Dir zu sagen wie viel Du mir bedeutest.Ich sah Dich gestern wie Du mit deinen Freunden sprachst den ganzen Tag wartete ich das du auch mit MIR reden würdest Ich gab Dir einen Sonnenuntergang am Ende Deines Tages und eine kühle Brise zur Erfrischung – und wartete....Doch Du kamst nicht.Es tat mir weh aber das erschütterte meine Liebe zu Dir nicht weil ich Dein Freund bin. Als ich Dich letzte Nacht im Schlaf beobachtete goss ich Mondlicht über Dein Gesicht aus. Ich wartete bis zum Morgen und wollte dann schnell zu Dir kommen damit wir miteinander reden könnten. Ich habe auch viele Geschenke für Dich.....Aber als Du aufwachtest bist Du schnell zur Arbeit geeilt.- Meine Tränen vermischten sich mit dem Regen.Wenn Du mich nur anhören wolltest! Ich Liebe Dich! Ich versuche Dir das zu sagen durch einen blauen Himmel und durch sanftes grünes Gras-

Ich flüstere es Dir zu durch die Blätter und
lasse es leuchten durch die Farben
der Blumen ich rufe es Dir zu durch die Berg-
flüsse und lass die Vögel deine Lieblingslieder
singen nur für Dich ich umhülle Dich mit
warmen Sonnenschein ich trinke sogar die
Luft mit den Düften der Natur.
Meine Liebe zu Dir ist tiefer als das Meer und
als die größte Not deines Herzens.Vielleicht
hast Du ja irgendwann mal ZEIT darüber
nachzudenken doch Denke immer daran- auch
ZEIT kostet sehr schnell viele viele JAHRE....
Jedoch werde ich immer bei Dir sein.Dein alter
Freund – Dein Schutzengel?????

Segen begleite Dich....

Wo auch immer DU sein magst.....

.......DANKE........

Weisst Du Was?

So ganz Nebenbei ja echt so ganz nebenbei
verrate ich Euch noch ein bisschen von mir
so als kleine Auflockerung.
Ja genauso ist es halt seitdem ich angefangen
habe zu schreiben fallen mir soooo viele
schöne Geschichten ein die ich in meinem
halben Jahrhundert erlebt aber auch gelesen
habe oder durch meine selbst gemalten Bilder.
Die meine Gedanken natürlich alle festhalten.
Es macht mir immer wieder viel Spaß zu sehen
und zu erleben wie Facettenreich doch die
Gestaltung eines Buches sein kann. Wie schön
daß die Gedanken und Träume frei sind.
Wie sagte meine Oma immer zu mir, als ich
doch noch so klein war?
Träume sind nicht nur Schäume oder wie war
das noch mal? Ich lach mich doch echt weg!!
Heute Leben – Freude geben -
Für ein Danke ist die Zaubermedizin -
Fantasie die alles und überall trägt -
Optimismus und Vertrauen in uns lebt.
Zu unser aller Leben zählt!!!

Die Fliege auf dem Marmeladen Brot

Guten Morgen,alle meine lieben einmal strecken vielleicht, jau räkeln das tut doch so gut. Bei mir auf der Fensterbanke ist es jetzt schon so schön warm achtung gleich um 7Uhr wird nämlich frische Luft hier in die Küche geblasen von draußen wenn einer versteht was ich da meine. Jau genau richtig gleich ist für alle:Familienfrühstück: angesagt.Da geht es doch echt mal wieder rund einer sabbelt DAS der andere DASS so geht es immer weiter bis Papa einmal gaaanz laut:RUHE: sagt wie schön daß er nicht noch schreit dann würde ich bestimmt von meiner Fensterbank fallen zum fliegen bin ich doch noch nicht ganz hell aufgewacht. Also weiter der Kaffee hat allen geschmeckt das Obst und auch alle Butterstullen für die Schule sind geschmiert und in Folie verpackelt. Ich bin doch noch so klein daher weiß ich nicht genau wie man diese Worte alle so ausspricht darum bitte nicht über mich lachen. Denn jetzt ja gleich, kommt mein Frühstückchen für mich manchmal wenig aber

immer öfter auch ein kleinwenig mehrerer.Spaß
muß sein auch für mich auf einem kleinen
Küchentisch.Ich darf mich nur nicht erwischen
lassen denn dann kommt so etwas großes auf
mich zu geklatscht und das macht dolle AUA.
Nun wie dem auch sei alle Familienleute sind
nun ausgewandert vielleicht Schule oder Arbeit
ich weiß es nicht so genau.Schließlich hab ich
gut geschlafen ganz leise bewege ich meine
Flügelchen peile den Tisch an denn das Wasser
läuft mir schon im Munde zusammen ja jetzt
fliege ich los, ziel gerade, eine kleine Kurve
jetzt,Hilfe,nein nicht doch nun lande ich auf
dem so reich für mich gedeckten Tisch.Heh
Freunde was sehen meine kleinen Fliegen
Äuglein denn da? Ist das lecker?Irgend jemand hat hier doch tatsächlich eine gaaanze
ScheibeBrot mit Marmelade vergessen.Das
macht doch echt Spaß da kommt für mich doch
lächelnde Freude auf.Noch ein kleiner
Hopser und ich sitze bei Tisch auf meinem
Leckerchen, hmmmm,so süß und schmackhaft.
Nun bin ich so richtich in meinem lustigen
Element,doch was war denn das ein gewaltiger
Windzug kam auf mich zu und schwupps,da

fand ich mich doch echt im Garten auf der Wiese wieder.Keine Angst mir war Gott sei Dank nichts passiert. Dieser Überraschungsflug war mir echt lieber als von irgendjemand: klatsch..klatsch.. wech wäre ich nein hinne wär ich gewesen und so etwas nenne ich schlicht und einfach:Gemein...Denn ich habe doch keinem etwas schlimmes getan.Doch ich weiß schon ganz genau mich, die Fliege mag doch keiner manchmal brumme ich doch auch ein kleines Lied oder kitzel ganz leise deine Hand. Ist denn das sooo schlimm? Da ich ja ein sehr oppulentes Frühstücksmahl hatte bleibe ich auch gerne jetzt hier auf der wunderschönen grünen Wiese hier werde ich viele Freunde treffen die sind wenigstens lieb zu mir die Marienkäferchen laden mich gerade eben zum Grashalmwalzer ein da ich schon ein klein wenig älter bin muß ich halt kleine Flugrunden drehen.Doch jetzt der Tag ist fast schon zu Ende jetzt so langsam flieg ich ohjeh das Fenster iss ja zu! Nein es ist ein kleiner Spalt offen, SCHWUPS, ich bin wieder auf meinem Fensterbankbett gelandet weich und warm.So sag ich jetzt einfach: GUTS NÄCHTLE:summ

Bist du Neugierig??

Soll ich dir etwas verraten? Pst ich flüster dir
leise ganz leise etwas in dein Ohr...
Hörste es schon rauschen so ganz pstpst??
Ja, du hast Recht hier genau an dieser Stelle
vergesse ich immer wieder Raum und Zeit.Ein
Gefühl der Befreiung macht sich in mir breit.
Meine Träume sie fliegen spazieren -Ich hebe
meine Arme auf kann singen und jubeln. Jau es
rauschen die Wellen -Der salzige Geruch wie
Ebbe und Flut sie ziehen meine Stimme an -
So vergess ich die Zeit doch ich muß mich
schnell beeilen denn, wie immer und jedes mal
zu Hause warten alle meine Lieben und auch
mein Bootsmann(mein Hund) auf mich!
Doch auch das macht gar nicht schlimm ein
jeder meiner kleinen Familie weiß: Unsere
Mami war wieder einmal in ihrer kleinen
Erholungsoase in der sie sich immer wieder
sehr wohl fühlt und so soll es auch sein denn
für unsere Mami ist das beste gerade gut genug.
                    Tschüss denn bis bald mal.....
Was wären die Menschen ohne Wasser?

Klein Erna fragt Oma...

Hast du schon einmal die See erlebt?
Sagst du vielleicht es sei nur alles Wasser?
Oh nein mein Kind die See sie lebt!
Schau doch einfach mal hin so übers Wasser-
Bist du barfuß auch mal am Strand entlang
gelaufen nur einfach so immer weiter?
Dann hast du doch gespürt wie der Wind dich
ganz leise an deinen Füßen killerte!
Dann ganz plötzlich wurdest du lustig und
wolltest nur singen.
Ewig schlagen die Wellen mal hoch oder ganz
platt ans Land was spielen die Häubchen und
Reiter sie haben den Wind als Gesellen ernannt
Diese Übermut treibt sie halt weiter.
Der Sand rinnt durch deine Finger ganz weich
er verleitet zum spielen sogar zum verwandeln
fühlst dich wie ein Schöpfer zugleich in deinem
Bettchen träumst du dann von allmächtigen
Handeln. So gleiten die Tage nun dahin wie
der Sand und willst du ihn dann formen denke
dran: Nimm Wasser denn das ist das Wasser
des Lebens – in deiner Hand.

Ein Gummistiefel verirrt sich im Watt

Am frühen morgen um sechs Uhr ganz still
und leise gleitet der Heiner mit seinen nackten
Füßen ja echt ohne Socken in seine gelben
Gummistiefel. Ich denke noch grade eben nach
wohin er denn dann will schon stampft er los.
Ach ja zuerst inne Küche seine blecherne
Bundeswehrkanne mit Muggefugkaffee es
darf aber auch sein Banatza Brot nicht fehlen.
Sein Feldstecher und ein Griffel ach na klar die
süße kleine – quadratisch-eckich-hmmm so gut
Schokolade stärkt so richtig gut die Nerven,ja
alles muß noch in den praktischen Rucksack.
Wie gut das der auf dem Rücken getragen wird
sonst würde das Wattlaufen bestimmt zum
Fiasko,oder wie die Menschen das heute so
nennen.Nun noch den Friesennerz an und pudel
lige Mütze auf dann soll es doch endlich
losgehen.Wir armen gummierten Stiefel denn
der Heiner schwingt sich doch tatsächlich so
ganz legeer mit seinem Alabasterkörper auf
seinen igittegitt verrosteten Drahtesel.Hat der

überhaupt eine Bremse? Na wir werden es ja bald noch erleben dürfen denke ich mal. Wir haben es doch schon vorher geahnt. Man das klapperte doch echt an allen Ecken und Enden. Ich der gummierte Stiefel bekam doch echt schon am frühen morgen den Angstschweiß auf meine Sohle denn der Heiner quitschte so richtig mit all seiner Kraft auf die Pedalen. Aua,aua, das tut doch gewaltig weh.Na ja was solls ein Indianer kennt doch keinen Schmerz. Bevor wir noch weiter überlegen wollten war der Heiner mit uns schon übern Deich geradelt und daß hörte sich so an:Quietsch/Drück/Aua. Man stelle sich vor plötzlich bekam er richtig Speed auf seine Reifen den Deich runter ließ er sich schlauerweise einfach: ROLLEN!! Das war vielleicht ein Gefühl fast nicht zu beschreiben wenn ihr wißt was ich meine.Na nun endlich am Watt angekommen das Wasser ne das Meer war schon sehr weit weggelaufen. In der Ferne hörte man es nur noch rauschen ich muß schon sagen daß hörte sich gut an so stille-leise und entspannend. Doch was sollen wir sagen jetzt kam doch echt die Ruhe vor dem Sturm denn erst jetzt ging es so richtig zur Sache. Jau das kann uns jeder glauben das war so dolle daß uns fast schwindelig wurde.Denn: Der Mensch nennt es: WATTLAUFEN: Boh eh das war vielleicht komisch ja so komisch daß sogar der Watt Matsch zu quietschen anfing.So schmierig um unsere Gummierten Stiefel herum und wenn dann der Heiner mal stehen blieb um ein Päuschen zu machen dann erdrückte uns das Watt weil es rundherum so hart wie Lehm wurde.Angst Angst? Nein keine Panik wir versinken nicht der Heiner sollte nur bald weiter waaaten. Als wenn er uns hat reden hören ganz friesisch langsam packte er sein Hab und Gut zusammen.Stellt euch doch mal eins vor der hat sich ja sogar noch Notizen über das Watt gemacht ja echt das könnt ihr uns ruhig glauben er hat doch glattwech so krumm in gebückter Haltung die Wattwürmer gezählt die kleinen Krebse fotografiert und jetzt kommt das Schärfste:wir gummierten Stiefel hofften doch, daß wir endlich bald wieder nach Hause waten dürfen" neneneeeeeeee"daß war doch so ein kleines Fehldenken denn:Der Heiner kam tatsächlich auf den glorreichen Gedanken jetzt zu dieser schon so ziemlich späten Stunde mit einem Netz und einer Lupe nach wie hießt das denn nun nochmal? Klein-rund oder eckig verkantet in allen erdenklich bräunlichen Farbnuancen haben wir uns da denn auch klar ausgedrückt? Doch wir glaubten ein jeder weiß es doch na klar das kann doch nur Bernstein sein, odder? Na gut jetzt waren wir einen Tick schlauer iss ja auch nicht schlecht wie sagte unser Heiner doch immer so lustig: Man kann alt werde wie ne Kuh, ein jeder lernt auch im Alter noch dazu. Aber hallo wir ließen uns doch glatt noch überraschen.

Nachdem er nun tatsächlich ein paar kleine Steine gefunden hatte ihm tat doch auch sein gebeugter Rücken so weh wurden wir zwei gummierten im Wattmatsch umgedreht das fühlte sich an als wenn der Schaft durchbrach. Nun schlenderte Heiner Gott sei Dank wieder in richtung Heimat. Nun stellt man sich vor es machte auf einmal:Plumms,lach mich inne Ecke und der Heiner lag der Länge nach in der nassen Wattmatsche.Dadurch hingen wir in der

Luft. Das war auch nicht schlecht denn erst jetzt wehte uns eine kühle Brise um unsere gummierte Nase. Wir hörten ihn schimpfen er war sicher sauer über sich selber denn er kam mit seinen Stiefeln nicht aus der Matsche.Er zog und zog aua, brr, aua, er zog uns ja fast auseinander wie ein Kaugummi so klebte das matschige an unseren Gummistiefeln. Das muß sich mal einer vorstellen iss da nicht kurios?? Wir sind doch wieder mal so schlau gelle? Na nu wolln wir mal lieb sein zum Heiner doch was sollte denn das? Jetzt kloppte er uns auch noch aneinander damit die Matsche abfallen sollte er wollte so gerne nackend barfüß nach Hause watschen nun da hatte er ein vorher nicht überlegtes Problem mein Stiefel Bruder steckte sooooo tief drinne da ging doch effektiv nix mehr was denn nu? Der Heiner zog und riss an mir das mir echt schlecht wurde vor Angst denn da unne in der Matsche war es Nachtdunkel.Wie soll ich es sagen? Meinen Kumpel packte er auf seinen Rücken an seinen Rucksack das glaubt mir jetzt keiner und-und-mich ließ er ganz frech da unten stecken.Hilfe..

mir war doch schon kalt und naß es war so
schlimm düster ich konnte mich doch nicht aus
eigener Kraft befreien.Was sollte denn nun
aus mir werden??Mitten in meinem gummigen
nachdenken gab es aufeinmal einen ruck-
zuck! Lieber Gott ich Danke Dir mit einem
kleinen Wattklumpen daß du mich gerettet
hast auch wenn es schon fast dunkel ist bitte
nimm mich doch gerne mit zu Dir wenn es geht
nach Hause.Ich bin auch ganz lieb und trage
dich wohin du auch willst auch auf einem
Drahtesel..Ich tue alles nur nimm mich......
Nun konnte ich nix mehr sagen denn aua aua..
holperte und stupste mich von einer Seite zur
anderen Seite doch ich war ganz suppie leise
nur nach Heim möchte ich.Nach einer längeren
Zeit sah ich Licht es wurde hell und einfach so
war ich dann plötzlich im warmen Flur an der
so suppie warmen Heizung und wisst ihr was?
Ja dankeschön ich war zu Hause bei meinem
gummierten Bruder und bei meinem so alles
geliebten: HEINERLE:
Nun konnten wir jeden Tag immer wieder
gerne:gummiert Watt– laufen- kriechen oder
watschen..Danke!Das war ein suppi Ereigniss!!

Heile – Heile Gänschen -alles wieder...

Wiedermal ist ein ruhiges Wochenende vorbei. Könnte es anders sein? Nein leider nicht denn klein Annchen muss doch wie Mammi immer wieder jeden Tag predigt in die Schule.Es ist schon recht komisch manches mal macht die Schule Laune, aber dann ja dann ist sie für mich die olle Penne ob mich bis jetzt schon jemand versteht? Na wie dem auch sei wie schon gesagt der Montag ist da und Ranzen alles gepackt Butterstulle auch dabei? Warm anziehen und los geht's. Ich das Annchen bin in der 1.ten Klasse in der Grundschule unsere Lehrerin Frau Pumpernickel ist so ganz lieb aber wenn sie einen schlechten Tag hat kann keiner bei ihr eine Blume oder ein gutes Wort gewinnen. Die Tür geht auf uns sie steht in der Tür. Durch ihre dicken Brillengläser sieht sie immer so streng aus doch heute, hallo, wie geht denn das? Sie lacht uns echt alle an ach ja ich vergaß zu erwähnen die Sonne die lachte ja auch in unser Klassenzimmer. Bitte,jetzt alle aufstehen und dann folgte wie in einem Chor:

Guten Morgen Frau Pumpernickel!! Das bedeutete schon am so frühen Morgen Stress!!! Erste Ansage von Frau Pumpi wie unsere Klasse sie nennen darf Fibel aufschlagen und lesen war angesagt. Annchen du darfst auch heute mal anfangen vorzulesen. Der Titel:ABC die Katze läuft im Schnee schließlich hatte ich am Sonntag doch eine Stund lang geübt.Doch mitten im lesen hörte ich meine Freundinn Ingchen leise weinen.So ganz vorsichtig guckte ich sie an, Frau Pumpi durfte das aber nicht merken sonst klatschte ihre Hand warnend auf ihr Schreibpult.Was hab ich gesagt:genau so hatsie uns doch tatsächlich erblickt, sie sagte zu mir aber nix sondern ging zu Ingchen denn die hörte gar nicht mehr auf zu schluchzen. Na meine kleine was hast du denn? Sie zuckte nur hilflos mit den Schultern.Vielleicht hat sie ja Schmerzen oder eine Grippe war im Anmarsch??Na wer weiß das schon?? Kurz entschlossen nahm sie Ingchen bei der Hand und ging mit harten Schritten wenn ihr wißt wie ich das meine, ich könnt ja schon wieder lachen.Denn im Sekretariat boh eh iss das ein

schweres Wort für mich. Dort angekommen ruft Sie meine Frau Pumpi doch echt Ingchens Eltern an. Als dann die Mutter nach einer Zeit endlich im Klassenzimmer stand weinte das Ingchen doch tatsächlich immer noch in ihre kleinen Händchen.Wir waren alle ganz leise denn Ingchen tat uns doch so dolle leid.Auch Ihre Mami wusste selbst keinen Rat sie hielt immer noch Ingchens Hand. Plötzlich hallo Frau Pumpi ja konnte es denn war sein unsere größte Sabbeline meldete sich zu Wort.Jeder sollte dies doch auch wissen, sie war unsere Klassensprecherin, ob das wohl für längere Zeit gut gehen würde? Wer weiß!!Lassen wir uns einfach über geraschen.Also weiter im Text. Sabbeline meinte nun ganz leise: Frau Pumpi: vielleicht möchte das Ingchen einfach nur mal in den Arm genommen und bissi lieb gehalten werden??Dann wäre es schon alles wieder gut? Hmm staunen unter der Brille von Ingchens Mami,sie war in diesem Moment auch ein bissi Sprachlosigkeit? Na wer weiß das schon sogar ich hatte keine Worte mehr im Mund.
Es gibt doch tausend Traurigkeiten aber auch

abertausend Einsamkeiten es gibt unzählige viele Tränen in ungezählten Gesichtern aus vielen verschiedenen Gründen. Auch kleine verborgene Ängste und tiefste Herzensnöte vielerlei unausgesprochene Sorgen.Selbst ein Schicksal gleicht nicht dem anderen .Wenn wir alle etwas nachdenken würden dann gäbe es doch für alles eine Lösung. Hab ich da nicht auch als noch soooo kleines Mädchen, mit meinen Gedanken so klein wenig Recht?
Ich das Annchen glaube einfach daran: Alle Menschen müssten sich mal so richtig" Arm in Arm"nehmen und mit ganz viel lieber Zärtlichkeit von Herz zuHerz::LIEBHALTEN: Meine Gedanken wanderten in Ingchens Herz ihre Augen strahlten,schluchzen war vergessen und sie durfte mit einerstrahlenden Mammi nach Hause gehen.Entegut alles gut.In diesem Moment klingelte es..
Pause für uns Alle und Tschüss..
Die Natur ist ein guter Nährboden
für unser aller
Selbstwertgefühl!"

Danke-Frage an Bitte.

Der Winter hatte das ganze Land mit seinem weißen Winterkleid angezogen.Vom Himmel flogen noch ganz viele kleine Flöckchen man konnte kaum die Hand vor Augen sehen.In der großen Tanne in unserem Garten hatten sich eine Meise und eine Wildtaube ein gemütliches Plätzchen auf einem großen Zweig gebaut.Als die Taube so vor sich hin gurrte fragte die Meise: hallo du kleines Täubchen kannst du mir vielleichtmal sagen was wiegtwohl eine Schneeflocke? Die Sonne lachte mit ihren Strahlen so richtig freundlich in unsere kleine Wohnung es war sogar ein klein bischen warm hier bei uns in der Tanne.Na gut die Frage sie sollte doch auch eine Antwort finden.Aber es fehlte noch ein Wort ob sie dieses wohl findet? Lustig in allen Tönen gurrte die Taube einfach weiter.Heh, du neben mir ich habe dich doch vorhin etwas gefragt hattest du das schon wieder vergessen,du da mit deiner kleinen Schneehaube auf deinem Kopf? Nö das hab ich

nicht aber in solch einer Tonart antworte t man niemandem.WAS? WIE? WARUM?
Ich verstehe dich aber nicht meine Frage war doch echt lieb gemeint oder? Ja bis hierher haste ja auch recht aaaaber da fehlt mir noch immer einkleines..meinte die Taube dankend!! Mittlerweise kreisten schon alle meine schneebedeckten Gedanken durch mein Fell daß ist doch heftich mir fällt wirklich nix mehr dazu ein. Bitte bitte mein geliebtes kleines Täubchen hab doch ein wenig Verständniss mit mir.Na also geht doch ich habs ja gewußt du bist garnicht so wie du dich immer gibst.Was soll denn daß jetzt nu bin ich das allererstemal piep nein Sprachlos.Täubchen meint das gibt es bei dir auch? Na klar doch. Jetzt spann mich doch nicht so dolle auf die Folter wieso ich habe nur höflich auf etwas gewartet jetzt hast du es doch nach einer langen Zeit selber erst gemerkt ne doch gesagt, boh eh, ich fall doch gleich vonne Tanne sag es mir doch endlich piep,piep, ich hab dich auch dolle lieb unter uns Gefiederten.Na gut deine Aussprache,wie Deine Frage gestellt war hat mir soo so nicht ge

gefallen Du hast etwas vergessen,vor die Frage das Wort: BITTE: zu sagen.So klingt dann eine Frage viel höflicher. Danke. Also frag mich doch einfach nocheinmal magst du? Na gut wenn du es so siehst gerne doch.Meise an: mein liebes Täubchen kannst du mir BITTE sagen wie schwer ist eine Schneeflocke? Na siehste prima..Dann laß uns mal schön eng zusammen rücken denn Wärme macht die Gedanken weit wußtest du das schon? Auja ich fühle deine warmen Federn das tut doch so gut. Also jetzt zu den Schneeflocken sie legten sich ganz leise auf unsere Federn und flogen ganz ruhig, ohne dollen Wind an uns vorbei wir kamen uns fast vor wie in einem Zuckertraum. Als endlich das Täubchen neben mir anfing zu erzählen. Kleine Meise nu paß mal gut auf wie das alles so abläuft.Auch ich habe eben erst versucht zu zählen, 3.741.952. habe ich zusammengebracht. Doch einfach so ganz plötzlich als die 3.741.955 te Flocke niederfiel brach unser Ast auf dem wir saßen!"Wir hatten uns so dolle erschrocken daß mein Täubchen ohne ein Wort auf und davon flog.Jetzt war ich die Meise glücklich und sehr sehr Schlau!

Liebe öffnet die Tür zum Leben ..

Es war einmal ein kleines Mädchen, daß sich im Wald verirrt hatte.. Die Zeit verging und es war schon fast dunkel geworden.Dadurch kam stille Angst in ihrem Herzen auf.Ganz müde verzweifelt suchte sie den Weg wieder nach Hause. Mittlerweile war es schon fast dunkel und unheimlich geworden.Alle Tiere und der Wind waren bestimmt schon schlafen gegangen. Doch da zwischen den Bäumen sah sie eine kleine Hütte wo aus dem Fenster ein helles warmes Lichtlein leuchtete.Sie trippelte so schnell sie konnte auf dieses Häuschen zu und klopfte gaaaanz leise an die Tür.Von drinnen antwortete eine Stimme:Wer ist denn da? Das kleine Mädchen schluckte ihr Herz klopfte bumbum ganz laut. Da antwortete sie: ICH ; Aufeinmal stilles Schweigen sogar alle Bäume des Waldes hörten auf zu rauschen. Unheimlich??Aber ja fast gespenstisch,oder? Aber, was war denn das? Von innen war ein leises zierliches Weinen zu hören.Vor lauter Angst kauerte sich das Mädchen vor die Tür

und dachte über das Wort nach: Ich: das sie
doch lieb gemeint hatte und dadurch auch diese
augenblickliche Winstille entstand und dieses
weinen und das Wort: ICH: klar zu hören
war:ICH:?! So ganz langsam kommt dem
Mädchen der erwachenende Gedankedaß sich
ein Mensch auch verwandeln kann wenn er in
ein Haus der Geborgenheit – Liebe und auch
Wärme - Vorallem der Freude einlass finde
möchte. Nach langer Zeit schläft dieses kleine
Mädchen dann vor der Tür ein.Als sie dann am
nächsten Morgen erwachte, klopfte sie doch
vorsichtig und bissi langsam erneut an diese
Tür.Sie wußte leider immer noch nicht wie sie
den Weg nach Hause finden sollte.Vorsichtig
pst leise:klopf-klopf- Wiederholt fragte eine
Stimme:,, Wer ist da? Nun antwortete sie:,DU!
Da wie ein hauch vom Wind öffnete sich die
Tür und das Mädchen konnte,sie durfte endlich
eintreten in die wohlig freundlich helle warme
Stube,voller Licht Leben und Wärme. Somit
war der Weg nach Hause auch geklärt.
Solange wir Menschen immer nur: ICH: sagen
können bleiben vielen die Türen zu ja auch

verschlossen.Wir sehnen uns in so mancher Nacht und Kälte auch nach Wärme -Liebe - Freude und Geborgenheit. Wie oft bleiben diese leider unerfüllt.Wenn wir vielleicht mal das „ DU,, sagen würden öffnen sich so auch manche Türen in ganz neue wunderbare Räume. Es wird aufeinmal warm und hell mit Fröhlichkeit und Frohsinn geschützt, sogar bewahrt.Meine Gedanken dazu: Der liebe Gott möchte uns verwandeln von einem,,ICH,, Menschen, in einen,,DU,,Menschen.Sogar von einem Egoisten in einen Liebenden. Somit werden sich alle Türen öffnen und die Wege ebnen auch viel Räume erschließen sich . Wahre Freunde gehen nicht wenn dein Lächeln verschwindet und deine Wangen Tränennass sind....Ich wünsche Dir einen Menschen den Du mit Deiner Freundschaft glücklich machst!!

Halte am Seil Gottes fest -

Geh nach Hause - sage deinem Nächsten

Wir geben Liebe Heute -

Damit Ihr und ein Jeder einen Morgen hat!

Denke gut nach was machst du jetzt mit Deinem HEUTE?

Reichtum oder Armut?

In unserer kleinen Stadt an der Nordsee wohnt in meiner Nähe eine ältere sehr arme Frau: OmaAnna. Sie kann immer weniger alleine laufen daher sitzt sie so gerne an ihremKüchenfenster und verfolgt so das alltägliche wer denn so an ihrem Hause vorbei geht. Man mag es kaum glaubenein freundliches lächeln oder moin-moin kann direkt Berge versetzen.Wie dem auch sei.Ihr Sohn Fidde genannt war vor einigen Jahren nach Neuseeland wech - ausgewandert.Da das telefonieren sehr teuer war, schrieb Fidde ihr regelmäßig. So vergehen viele Jahre. Wie fast an jedem Sonntag ging auch Herr Pastor Schneiderlein nach dem Gottesdienst an Omas Haus vorbei,neenee,er drehte sich um und klingelte bei Oma Anna.Ganz langsam Schritt für Schritt tippelte sie zur Haustür: Moin-moin Herr Pastor ich freue mich über ihren Besuch kommen sie doch gerne zu mir in die gute Stube. Vielen

Dank er setzte sich auf das Sofa denn der
Ohrensessel wurde von Oma Anna besetzt
Wie geht es ihnen und ihrer Gesundheit?
Och wissen sie in meinem alter bin ich
dankbar für jeden Tag den mir der liebe
Gott schenkt.Ihre gepflegten weissen
Haare und ihr bescheidenes Lächeln
sprachen für sich. Mitten im Gespräch
nahm sie eine kleine Schatulle vom Tisch
und reichte sie freudig dem Herrn Pastor.
Sehen sie doch mal soviele : Bildchen:
hat mein Sohn mir mit seinen Briefen
schon geschickt.Es waren zwar immer
die gleichen Bildchen, doch Oma Anna
freute sich immer wieder über jedes
einzelne die der Sohn ihr schickte.Meine
liebe Frau sagte der Pastor,daß ist doch
Geld was sie mir da zeigen und das ist
nicht wenig.Sie sind ja wirklich Reich und
wissen es nicht einmal. Oma Anna freute
sich immer noch darüber sie hat garnicht
verstanden was Herr Pastor damit sagen
wollte denn nur Fiddes Bild war ein Foto
alles andere war Geld - Geld - Geld!!

Wir mögen jetzt vielleicht über die Unwissentheit von Oma Anna lächeln.Doch sind wir Menschen nicht auch oft so mit den Schätzen Gottes in seinem leisen Wort umgegangen? Wir hören immer wieder die selben niedlichen Geschichten?Immer wieder die gleichen netten Worte? Auch wir merken manchmal nicht daß in diesen Worten: Reichtum Leben Kraft und viel viel Freude stecken! Sind wir doch reich im Glauben und in der Hoffnung.Manche Menschen merken es kaum oder wissen garnichts davon! So könnten wir uns doch wie Königskinder fühlen!! Doch wir leben wie Bettler und beklagen alle Lebensnöte. Ja,liebe Oma Anna, wie schön das sich ihr Herz über diesen Reichtum oder wie sie es so niedlich sagte: Ihre BILDCHEN: erfreuen kann das ist doch ein Geschenk Gottes.Sie haben recht Herr Pastor lieben Dank für Ihren Besuch und ich werde weiterhin alle bunten Bildchen meines Sohnes !! SAMMELN!!Schönen Tag auch!

Klein Anna und das Meer....

Wie schon so oft. Es ist Sommer und meine Freunde und ich haben uns am Strand zumspielen getroffen.Abgemacht war ja eigentlich: Federball zu spielen so kam es dann auch.Doch einfach so mitten drin hatte klein Erna keine Lust mehr. Hallo Freunde ich mach mal eben justemente für mich eine kleine Verschnaufpause iss daß für euch ok? Na klar mach man wir hmmm schlürfen in der Zeit unsere Limo na gut ich laufe dann mal los am Wasser versteht sich doch von alleine.In Gedanken dolle versunken schlenderte ich so für mich am Strand entlang so daß meine Füße richtig im Strandmatsch wateten.Das gab mir ein suppie gutes Gefühl kann das noch ein anderer verstehen?Doch plötzlich was war denn das?So einfach von alleine lag da vor mir ein Säckchen ich bückte mich und habe es auch aufgehoben.Es dauerte schon eine Zeit bis ich die Schnur mit dem dicken Knoten lösen konnte.Doch bin ich suppie gut: in der Ruhe liegt die Kraft und ich habe des knoten Lösung auch schon geschafft.Der Inhalt klickerte so vor sich hin es kamen lauter Steine zum Vorschein. Achtlos ließ ich diese Steine durch meine Finger gleiten und meine Augen wanderten dabei übers Meer.Ich beobachtete die vielen vielen Möwen die mit großer Freude auf den Wellen schaukelten.So ganz in Gedanken versunken werfe ich in meinem Übermut spielerisch die kleinen Dinger die Steinchen in die Wellen und eins nach dem anderen versinkt in der tiefe des Meeres oder auch in den Wogen egal wie andere Menschen das auch sehen mögen. Doch, einen einzigen Stein behielt ich in meiner kleinen Hand und nahm ihn mit nach Hause – Halt- Stop – Zuerst mußte ich noch meinen Freunden:TSCHÜSS: sagen dann ab nach Hause, denn meine Mami konnte Unpünktlichkeit garnicht leiden.Ab und zu hab ich sie auch mal verstanden lach mich inne Ecke,,wenn es um meinen kleinen Schulfreund:Fritze,, ging,wegen der Pünktlichkeit wenn einer

weiß was ich meine?
Aber meinen Schatz vom Meer hielt ich immer noch in meiner so kleinen Hand. Langsam wirklich gaaaanzlangsam öffnete ich Finger für Finger, meiner Hand.Son bissi war ich doch durchgefroren darum setzte ich mich immer gerne auf Omas Banke am Kaminofen. Ganz nebenbei da konnte ich immer so gut Träumen. Nagut alle Finger waren nun geöffnet aber aber oh Schreck was sah ich denn da?Vom Schein des Kaminofens also des Herdfeuers vielleicht kann man das so besser verstehen, da sah plötzlich mein Stein wie ein großer strahlender Sterndiamant aus. Was das iss daß wußte ich doch auch nicht so genau! Da kam mir der eine Gedanke: Wenn Diamant: was hab ich denn da bloß ins Meer geworfen? Ohjeminee...Ganz fix Sandali an, eilte ich zum Strand zurück den verlorenen Schatz zu suchen. Auja ich hab es mir bald schon gedacht,mein rennen war echt umsonst sie

lagen für mich bestimmt schon längst
unerreichbar auf dem Meeresgrund.
Keine Selbstanklage keine Tränen oder
Reue und schon gar nicht Vorwürfe
könnten mir jetzt meinen so achtlos
weggeworfenen Schatz zurückgeben.
Was sagte mir dieses Erlebniss für mein
weiteres LEBEN?
Spielen wir nicht ebenso mit manchen
geschenkten Tagen in unserem Leben?
Ohne zu überlegen? Lassen wir nicht auch
viele dieser: kleinen Dinger: durch unsere
Hände gleiten und einige werfen wir
schnell so ohne zu überlegen einfach fort?
Bis wir dann irgendwann mal erschrocken
feststellen welche kostbaren Schätze alle
Tage unseres Lebens sein könnten? Die
auch wir verspielt oder vertan haben?
Jeder einzelne Tag ist doch wie ein
Diamant einSchatz der sich lohnt erfüllt zu
Leben.
Denn unser langes Leben besteht doch
aus vielen richtig Erlebten und auch
Gelebten,TAGEN.Tscüss und :Carpe diem:

Geld ist die Währung von
Menschen..
Glaube ist die Währung an Gott.

Kein Glas Wasser kommt leer
zurück.
Im Himmel sieht ein jeder Mensch
sein Resultat.

Ein Baum wird geboren er ist nicht
sofort groß..
Wenn er dann groß ist blüht er
auch nicht sofort..
Wenn er dann blüht gibt er auch
nicht gleich seine Früchte ab.
Wenn er aber seine Früchte gibt
sind diese auch nicht sofort reif..
Auch wenn sie reif sind werden
sie nicht immer sofort gegessen!

Sonne wo bist du?

Ein guter Freund der Erich er war blind.
Erich und ich das Annchen waren zu
besuch in einem Heim für mehrfach
behinderte Menschen.Erich gab ab und zu
auch für diese Menschen ein kleines
Orgelkonzert denn Musik war sein Leben
in allen Variationen ob klassisch oder alte
Schlager jeder dachte, er könnte wohl
sehen denn seine Augen strahlten übers
ganze Gesicht wenn er an der Orgel
spielte -All diese Menschen hörten seinen
musikalischen Klängen mit Freude und in
die Hände klatschend zu.Dann später in
der Kaffepause ging Erich gerne an der
Fensterfront immer auf und ab.Als ich das
sah ging ich zu ihm hin und fragte ihn leise
Erich, was ist los,warum gehst du hier am
Fenster immer auf und ab? Wen oder was
suchst du denn hier? Er drehte sein
Gesicht zu mir und meinte: Ich suche die
Sonne." Dabei kamen mir folgende

Gedanken: In diesen doch so wenigen Worten eines blinden Menschen ist die tiefe Sehnsucht nach Helligkeit und Licht vielleicht so zusammengefaßt. Alles lebendige streckt sich dem Licht doch entgegen. Ohne unsere Sonne gibt es leider kein Leben.Was sucht also der Mensch? Sucht er die Sonne das Licht und die Wärme oder auch Klarheit?Aber für das Licht der Welt die Sonne des Lebens sind unsere Augen manchmal blind und untauglich.Wie blinde tappen auch wir Sehenden an den Fenstern unseres Lebens auf und ab! Suchen wir nicht auch die Sonne und sind dabei nur blind? Wir brauchen das Licht und spüren sehr viel Dunkelheit wir suchen die Klarheit weil wir uns in der Finsternis bewegen.Unsere Sehnsucht nach Licht und Wahrheit ist vielleicht das verlangen nach Liebe und Verständniß jedoch unsere Augen sehen dieses im täglichen Leben manchmal zu wenig. Ich dachte jetzt wäre mitlerweile unser Gespräch über die helle Sonne beendet da meinte Erich mein liebes Annchen ich glaube das mein entspanntes abendliches Gebet doch garnicht so schlecht ist. Diese Gedanken sagte mir oft meine verstorbene Frau:Herr laß leuchten über uns das Licht – Öffne mir meine Augen daß ich sehen kann alle Wunder dieser Erde.!!!! Diese Worte ließen mich jetzt echt nachdenken was bei mir nicht all zu oft vorkam denn im Moment war ich doch sprachlos so das Erich fragte: Annchen bist du noch da? Na klar denn mitlerweile hatte ich mich auf die Fensterbanke gesetzt aber Worte vielen mir im Moment nicht mehr ein.Ich möchte dieses Gespräch welches schon viele Jahre zurückliegt gerne an andere Menschen weitergeben. Wie wichtig es für uns Sehenden sein sollte die Achtung meinem Nächsten gegenüber egal wie oder wer er auch ist.Die Würde eines jeden Menschen ist unantastbar.Dieser Kaffeenachmittag war für mich eines der lehrreichsten Stunden meines jungen Lebens.In aller gemütlichkeit sind wir zwei dann nach Hause gefahren. Zusammen waren wir zufrieden denn: Die Sonne ging jetzt auch zur Ruh sie ging schlafen.Diese Geschichte war ein Erlebniss aus meinem alltäglichen Leben in der Altenpflege die für mich täglich und immer wieder neu für Überraschungen und interressante Lebenserfahrungen sorgte.

Sei freundlich zu deinen Feinden -
Nichts ärgert sie mehr -

Wenn du nicht gelernt hast
dich fallen zu lassen -
erlebst du auch nicht, wie und wann
du aufgehoben wirst!"

Rechte Hand ruft linke Hand.

Meine Oma sagte früher als ich noch ein Teenie war immer zu mir:Jeder Mensch braucht in seinem Leben irgendeinen Halt.An einem sonnigen Nachmittag im Sommer schlenderte ich so in aller Ruhe und verträumt am Strand entlang.In meinen Gedanken war ich im Moment mit den vielen Urlaubern beschäftigt,wie unterschiedlich sich doch die Menschen in Gottes freier Natur verhielten und auch bewegten.Es ist doch sehr interressant zu beobachten daher merkte ich garnicht wie weit ich schon ins Meer watete.Bis über meine Knie sprudelten die nassen doch auch so angenehmen Wellen um mich herum. Doch mitten in meinen stillen Gedanken sah ich zwei Jungen mit ihrem Schlauchboot weit weg vor mir auf dem Wasser paddeln.Auf mal ohjeh was war denn das? Diese beiden Jungen schienen wohl in ein Priel Sog geraten zu sein.Ihr

Schlauchboot wurde mit heftiger Gewalt immer hin und her gewirbelt und von den starken Kräften des Meeres immer weiter raus gezogen.Anscheinend kämpften die beiden echt um ihr Leben.Sie schrien um Hilfe immer und immer wieder doch durch das rauschen des Meeres konnte sie kaum ein Mensch wohl höhren. Auch ich konnte das ganze Spiel nur sehen und erahnen was da weiter passieren könnte.Aber wie das Leben so manchmal spielt sahen noch andere Urlauber am Strand diese Gefahr die auf die Jungen zukam.Dann kamen einige Männer angerannt schmissen sich auf ein Surfbrett und paddelten mit ihren Händen und dem Wind im Rücken zu den beiden Jungs. Mitlerweile klammerte sich der eine Junge mit seiner Todesangst und ganzer Kraft an sein Schlauchboot doch das Meer war mit seinen Wellen so kräftig und gnadenlos daß es diesen Jungen in die tiefe zog und er ertrank. Jedoch der andere Junge wurde von den Männern mit dem Surfbrett gerettet. Der Junge konnte das ihm zugeworfene Seil grade noch greifen und wurde dadurch mit an den Strand gezogen.Das war für mich und alle anderen Urlauber die dieses Ereigniss mitlerweile beobachteten doch sehr sehr traurig aber auch eine lehrreiche traurige Erfahrung.Wie heißt es doch immer achte rechtzeitig auf Ebbe und Flut nur so hat jeder Freude am Strand und die tut doch so gut.Nun kommt auch ein Sprichwort wieder zum tragen." Der Mensch braucht in seinem Leben nicht nur irgendeinen Halt!"

Denn wenn der Strudel der Not wenn die Grenzen des Lebens kommen und uns bedrohen dann ja dann braucht ein jeder den richtigen Halt. Denn am eigenen Lebensschiff kann man sich in der Not gar nicht richtig festhalten selbst die eigene Tüchtigkeit reicht auch dann nicht aus.Also brauchen wir einen halt der uns vom rettenden Ufer zugeworfen wird.Auch wir benötigen Kräfte und Möglichkeiten

über uns hinaus - Jeder Mensch wird sich
woanders seinen Halt suchen.Doch der
liebe Gott schickt uns sein Rettungsseil
der Liebe vom anderen Ufer.Jetzt heißt es
dann nur rechtzeitig zuzugreifen. Denn
alles andere - wie sagt man doch?Das war
der Griff: Daneben! Leider!

Ich wünsche Dir daß Du einmal am Tag -
Einen Augenblick voller Freude bist.
Auch wünsche ich Dir daß Du bei einem
Menschen Geborgenheit findest!

Der Mist von Gestern -
War der Dünger für Heute!"

Freude in der Natur -
Freude am Leben -
Kann Kraft und Stärke Dir geben!"

Der schlaue Fuchs und sein Speiseplan.

Wie hieß er gleich nochmal? Ach ja der schlaue : Fuchs Reinecke:Eines Tages fand er einen besonders guten grünen verlockenden Weinberg.Die hellen leuchtenden Früchte reizten seine dolle Gier so das ihm daß Wasser im Munde zusammen lief.Aber hallo er hatte nicht damit gerechnet daß der Weinberg von allen Seiten umzäunt war.Jetzt war guter Rat teuer jedoch was sahen seine runden Argusaugen?Da an einer Ecke sah er eine winzige öffnung durch die er doch gerne eigentlich in den Weinberg lecker lecker eindringen könnte.Oh Schreck,sowas geht doch garnicht. Grade diese öffnung war zu eng. Nun ging dieser Gedanke auch noch flöten.Haha nun kam er auf eine suppie Idee denn Fuchs:ist doch so schlau:Also aus Begierde und Klugheit beschloß der Fuchs solange zu fasten bis er endlich durch den Spalt in den Weinberg,schlank eindringen konnte.Und dem war dann auch so. Nach einigen Tagen war er dann doch tatsächlich so abgemagert daß er nun endlich durchschlüpfen konnte.Ich sage euch allen daß war so köstlich so lecker schmackhaft und himmlisch süß für euch bestimmt kaum vorstellbar oder?Die reifen Früchte flogen fast alle wie von alleine in meinen Mund.Klar somit lag es doch auch auf der Hand daß ich wieder jau so richtig kugelig rund wurde.Jetzt wurde es aber auch mal wieder langsam Zeit daß ich so glücklich und zufrieden den nach Hause Weg antrat.Leider hatte ich die Rechnung ohne den Wirt gemacht.Leider nicht erst nachgedacht denn mein Schlupfloch im Zaun war doch wieder zu klein und ich zu dick.In diesem Moment bekam ich grade mal eben eine Krise nicht lachen, das war in echt so.Nachdenken war angesagt und das Ergebniss ließ auch nicht lange auf sich warten.So versteckte ich mich ganz einfach in einem alten Baumstumpf und

fastete einpaar Tage,war doch auch klar
bis ich wieder so dünn und abgemagert
war um durch die öffnung hindurch mein
Leben zu retten. Als ich dann nun wieder
in der Freiheit war kam mir doch echt noch
ein ganz lustiger Gedanke: Lachend und
auch eine Träne in der Augenecke drehte
ich mich zum Weinberg um und sagte mit
kleiner leiser Stimme:"Weinberg Weinberg!
Du bist ja echt wunderschön trägst viele
zauberhaft süße Trauben.Doch leider hat
unser einer von dir keinen Nutzen.Schade!
So hungrig man vielleicht bei dir hinein
kommt genauso hungrig geht man auch
leider manchesmal auch mit dollem Magen
aua aua wieder heraus.Mitlerweile bin ich
klüger etwas reifer vielleicht noch ein bissi
schlauer um meine Ohren geworden.
Eine ganz tolle Idee ist in meinen Kopf
gefallen:Ich bleibe für immer schlank dann
komm ich auch überall an mein Ziel.Ist das
nicht ein Lecker – Gedanke?
Kein Mensch ist doch so schlau: wie
Reinecke Fuchs.Meine Gedanken sind frei!

Wann beginnt eigentlich ein Tag?

Es war kurz vor den Osterferien da kam unser Klassenpauker Böll doch tatsächlich noch auf die glorreiche Idee uns eine na ja Nachdenkfrage zu stellen. Also Fidde der war sogar mein Sitznachbar. Fidde sach mal wie bestimmt man die Stunde die in der Nacht endet und am Tage beginnt? Fidde war ganz platt und sprachlos und bekam dadurch kein Wort raus.Bölli fragte einen der anderen Schüler:Wie ist es wenn man von weitem einen Hund von einem Schaf nicht unterscheiden kann?Ne,Ne, sagte Bölli wie wir ihn sogerne heimlich nannten.Auch das noch jetzt meldete sich meine kleine heimliche Liebe zu Wort.Ist das wenn man von weitem eine Dattel von einem Feigenbaum erkennen kann? Auch das ist nicht richtg meinte Bölli wieder.Alle Schüler riefen wie aus einem Munde. Aber was iss es denn dann?Horcht mal her und passt allesamt,leise undOhren gespitzt

gut auf.Folgendermaßen ist die Antwort:Es ist dann wenn du in das Gesicht von irgendeinem Menschen blickst und du deine Schwester oder deinen Bruder sehen kannst.!Bis dahin ist die Nacht noch bei uns und der Tag!
Genauso hab ich diese letzte Frage von euch erwartet. Mit diesem Fragezeichen schicke ich euch jetzt gerne in die warmen sonnigen Osterferien.Wenn ihr dann gut nachdenkt könnt ihr alle die Antwort zum ersten Schultag mitbringen.Es ist mir klar einjeder von euch weiß sie längst.Meister Bölli wünschte uns :Frohe Ostern: Und weg war er.Für uns hieß es nur noch:Tür auf und ab nach Hause .Tschüß machts jutt!!Euer Fidde!

Wer seinen eigenen Weg geht -
Kann von niemandem Überholt werden.

Ein edler Mensch zieht edle Menschen an-
Und weiß sie auch zu Halten.

Vergiss es Nie.

Dass Du lebst war keine eigene Idee -
Dass Du atmest kein Entschluss von Dir -
Vergiss es nie daß Du lebst -
War eines anderen Idee -
Dass Du atmest ist sein Geschenk.``
Vergiss es Nie!
Niemand Denkt-Fühlt-Handelt und Lächelt
so wie Du -
Vergiss es Nie!
Niemand sieht den Himmel ganz genau
wie Du -Niemand hat was Du weißt -
je vor Dir gewußt -
Vergiss es Nie!
Dein Gesicht hat niemand sonst auf dieser
Welt solche Augen hast allein nur Du -
Vergiss es Nie!
Du bist reich egal ob mit oder ohne Geld
denn Du kannst Leben -
Niemand lebt auch so wie Du -
Du bist gewollt kein Kind des Zufalls keine
Laune der Natur- Ganz egal wie Du Dein
Lebenslied in Moll singst oder Dur.Du bist
ein Gedanke Gottes- Genial noch dazu!

Freundschaft gibt Luft zum Atmen.

Wie in der Arche Noah Tiere und Mensch
zusammen kamen und eine Einheit
wurden was durchhalten und das Leben
betraf über diesen Weg sollte einjeder
doch mal nachdenken.Wie wichtig auch
die``Freundschaft``zu unserem heutigen
Leben gehört.So möchte ich mit dieser
Geschichte gerne Zeichen setzen über die
Freundschaft mit meiner besten besten
Freundinn die auch sehr lustig verläuft.
Nun beginnt unsere Geschichte eine
wunderbare:wie heisst es doch so schön?
Es war einmal:
Hallo erst einmal.Liebe Freunde ja ja nun
bin ich schon hier. Darf ich mich erst mal
vorstellen? Ich heiße:Bastie.Doch neben
mir die kleinere heisst:Bastieline!Sie ist
echt eine ganze knuddelige so richtig
niedlich!Meine Menschenfreunde sagen
alle:sie paßt so gut zu mir wie die: nein
nein,sie iss noch viel schönerer mir kommt

eben ein suppie Gedanke:sie ist wie ein kleines ``Ferreroküsschen``Jau so iss es nun mal auch in einer so lieben netten Tierfreundschaft.Mein Frauchen sagt immer zu mir:Im Tierleben gibt es nunmal auch echte Freunde die nicht mehr zu trennen sind.Lach mich doch echt ins Körbchen.Unsere Pfötchen haben wir auch schon zusammen gelegt.Bauch an Bauch daß geht auch.Ich finde wir zwei nenee ich wollte doch sagen wie der Deckel auf so einen Topf so wuschelich passen wir an einander oder sagt man auch:zueinander? Wir wurden zusammen geboren und sind so Hunde glücklich dass uns sicherlich gar kein Mensch wieder auseinander bringen kann.So eineFreundschaft sollte auch bei den Menschen machtbar sein denn sogar die ganze Natur iss doch wie vom lieben Gott geschaffen eine bunte und duftende Freundschaft-Dort leben alle miteinander in Frieden ich könnte fast sagen: wie Hand in Hand! Wenn wir zum Beispiel sagen:Ich hab Dich lieb dies kommt aus

tiefstem Hundeherz und ist niemals eine
Lüge.Darum sagt mein Frauchen immer
wieder:Tiere sind die besseren Menschen
und gehören somit zu unserem Leben!
So meine lieben Freunde jetzt lacht ihr
bestimmt weil ihr ja auch nicht wissen
könnt,was ich euch auch noch verraten
möchte.Dann passt jetzt mal gut auf ich
sags nu mal mit meinen waulichen kleinen
Worten:Mein Bastielinchen und alle unsere
Freunde überall und nebenan mich nicht
zu vergessen wir alle sind eine liebe
Freundschaftlich-Tierische kleine Bande.
Jau in echt wir halten zusammen wie:Pech
und Schwefel sagen doch die Menschen
manchesmal,odder?Im Moment hat unser
Frauchen grade eben ihre liebe Not mit
uns.Denn ihr" Machtwort Platz" natürlich
lieb gemeint bei unsRackerndurchzusetzen
Wir toben und rollen über alle Tische und
Sofas die hier einfach so rumstehen die
kleinen weichen Teile heißen die Kissen na
mir,uns doch egal, auch sie sind so
kuschelich weich sogar zum anknabbern

ohoh, was dasjetzt wohl gibt wenn es fertig iss?Kleine Verschnaufpause denn ich möchte euch noch so gerne was ganz wichtiges ans menschliche Herz legen.
Ich sitz auch ganz stille - gib Pfötchen und lach über alle Backen:Also wir brauchen immerLIEBE- und viel Verständniss.Danke und ein wauliches Küsschen dafür!
Dies war euer Bastie mit Bastielinchen und allen ihren Freunden wauwau!Leider bin ich doch noch nicht ganz feddich mit meiner waulichen lieben und treuen Freundschaftserklärung.Es ist doch wohl ganz klaro daß zu uns auch meine liebste Menschenfreundinn Annchen und Ingchen ach ja auch Hundefreundinn:Bormännchen zu unserm Leben gehören.Jaja iss ja schon gut dass konnte von euch ja auch keiner vorher Wissen.Sie sind die besten Menschenfreundinnen für uns auf der ganzen Welt.Meine Hundefreundinn Chika aus Hameln wo wir auch mal gewohnt haben meckerte mich doch echt bellend an weil wir zwei mit Frauchen so ganz still und

einfach ohne lange zu lamentieren nach da oben an die Nordsee gezogen nenee, nicht gelaufen sind.Sie haben sich einfach dahin verkrümelt. Lieb gemeint denn die lieben hintergebliebenen sind dann doch waulich traurich Chika fand das nämlich so-so dolle weit!Seht ihr das auch so? Aber was soll ich euch sagen:Unsere Freundschaft ist dennoch wie in dieser Geschicht des öfteren erwähnt.Sie hält zusammen wie Pech und Schwefel.Im Schlaf träumen wir Schwanzwedelnd vom Zeitunglesen und Blick übern Zaun.Könnte ja eventuell eine Freundinn warten! wauwau!Riech-Riech-Nun wohnen wir hier anne Nordsee wie eine echte kleine Familie.Wir sind einfach mit einander - für einander und alles was ihr noch wollt immer zusammen.Einer kann nicht ohne den anderen.Wauliche Blicke + Gedanken viele liebe Schmatzer können wir auch aus der - nein auch in der Ferne oder riechender weise am Telefon verteilen Bussi,bussi und ein dickes Küsschen,hmm tut das gut! Bevor wir uns nun auch in

Hundefreundlichem:wauwau inganz lieben
Gedanken an unsere schmackhaften,ja so
frischen Hundeknochen aus der Ferne
verabschieden möchte ich doch nochmal
zum Schluß für alle daß beste: Bell Bell
sagen.Ich schau dir auch ganz treu in
deine menschlichen Augen.Jetzt schau
nur noch EINMAL auf meine großen
ehrlichen liebenden Hundeäuglein :

Auch Tiere natürlich der Hund:
kann die Herzen aller Menschen von
Kopf bis Fuß erwärmen,wauwau!!
Wir haben alle Menschen LIEB.

Man kann die Wunden andere Menschen
nur Heilen -
Wenn man selber welche hat"

Die Wunschliste.

Ein junges Mädchen im Teenie alter hatte einen Traum.Sie kam in einen Bäckerladen und wollte für sich doch so gerne eine Zuckerschnecke kaufen, die aß sie für ihr Leben gern. Als sie in den Laden kam sagte sie freundlich:Guten Morgen.Hinter der Ladentheke sah sie einen Engel stehen der diesen morgengruß freundlich erwiederte und fragte: was hätten sie denn gerne?Doch das Mädchen war plötzlich so erschrocken und meinte dann so ganz schnell was verkaufen sie denn?Dabei wollte sie doch nur diese leckere süße kleine Zuckerschnecke.Na gut sagte der Engel ich verkaufe ihnen alles was sie wollen!" Immer noch erschrocken stotterte das Mädchen jetzt endlich: ich hätte so gerne das es in der Welt keine Kriege mehr gibt.Mehr Bereitschaft miteinander zu reden. Viele Ausbidungsplätze für uns Jugendliche.Mehr Zeit mit unseren Eltern um mit uns Kindern zu spielen.Aber ganz

plötzlich fiel ihr der Engel ins Wort und sagte:" Entschuldigen sie kleines Fräulein ich glaube sie haben mich im Moment falsch verstanden.Leider verkaufen wir keine Früchte wir verkaufen erst immer den Samen!" Denn ohne Samen kann es auch leider keine Früchte geben.Träumend völlig sprachlos stand das Mädchen nun dort und wußte nicht mehr was sie sagen sollte.Sie mußte ihre Augen reiben. Als sie diese wieder aufmachte staunte sie denn der Engel war leider nicht mehr da.Diese runde süße Zuckerschnecke hatte sie völlig vergessen denn sie dachte ja über ihr Erlebniss nach.Dieser Engel hatte ja wirklich Recht.Bevor wir Menschen die leckeren Früchte ernten können müßte wiklich erst der Samen in die Erde gelegt werden. Wie bei meinem Bäcker ohne Samen gibt es auch kein Brot geschweige denn diese süße immer wieder leckere Zuckerschnecke.
So kann das EINE ohne das ANDERE nichts werden wachsen oder gedeihen!"

Mäuse im Klavier.

Eine kleine Mäusefamilie hatte sich im rasenden Tepo vermehrt und konnte nichts besseres zu tun als sich im Klavier eine wunderschöne Wohnung zu bauen.So richtig suppie gemütlich sogar mit weicher Strohunterlage.Ihre kleine Welt war dadurch oft erfüllt mit wunderbarer und entspannender Musik.Diese Mäuse sie genossen - genossen die Klänge.Sie machten sich jedoch auch ihre Gedanken darüber von wem diese zauberhaften Töne wohl stammen könnten.Gab es da etwa vielleicht einen Klaviespieler? Sie hatten ihn noch nie nicht gesehen aber vom Tonklang her war er ihnen sehr oft hörbar nahe.Jedoch eines Tages an einemruhigen wunderschönen Winterabend wagte sich ganz vorgesichtich die kleine Maus sie hieß: Spiedikonzales! Etwas weiter nach oben in das Klavier. Aber hallöchen was war denn das?Entdeckte sie jetzt nun vielleicht das Geheimniss der Musike?Wer lachte da eben? Ja,ja, ich weiß ich bin gerne auch mal immer öfter etwas lustich sogar bissi albern sagt meine Mami oft zu mir.Jetzt nun fing alles erst so richtich an.Metalldrähte von verschiedener länge zitterten und durch diese Schwingungen entstanden diese komischen mal so oder anderen verschiedenen Töne.Dadurch lag es jetzt ja wohl auf der Hand daß wir alle unseren Glauben an einen Klaviespieler aufgeben mußten.Diesen gab es nun doch leider nicht.Es kam also heraus daß die Metalldrähte diese schöne wellige Musik erzeugten.Keiner konnte es abstreiten daß auch diese Klänge sich manches mal so wunderbar anhörten.Viel Zeit war nun mittlerweile vergangen als klein Pinki mit einer neueren Erkenntniss bei uns an kam. Wir hatten grade so eine richtige handvoll Erdnüsse in arbeit da wagte Pinki es doch tatsächlich uns mit ihrer neuen Erkennung oder wie war das Wort doch gleich, ach ja es hieß ich denke mal:Erkenntniss! Richtich?Na gut.Dann bin ich ja zufrieden.

Wie in einem Kanon fragten wir alle aufeinmal: Was iss denn nun deine diese Erkenntniss oder so?Also dann paßt doch einfach mal gut auf. Es sind nämlich die kleinen Filzhämmerchen sie springen und tanzen auf den Drähten herum und somit erzeugen sie die Schwingungen.Dadurch kommt dann die wunderschöne Musik heraus. Nun war doch endlich der alte glaube überholt und alle Mäuse und Mäuselinchen wohnten in einer super aufgeklärten wissenschaftlichen auch musisikalischen durchschaubaren Welt. Jetzt fallt vor lachen aber nicht von den Tasten denn der Klaviespieler machte auch weiterhin seine wunderbaren auch klangvollen Piano Töne. Mal in Dur und mal in Moll denn sein Notenbuch war musisch davon voll.Wie heisst es lieblich schön: Es bleibt doch dabei:die Gedanken der Musik sind frei. Euer musikalischer: Spidigonzales undPinki mit Familie!
Viele kleine Mäuse wohnten im Klavier sie spielten falsche Töne mal dort und mal hier !

Gedanken der Stille.

Die aufregensten Genüsse sind die -
Die man noch nicht gekostet hat."

Ein Liebesbrief.
Du mußt meinen Plan nicht verstehen -
Du kannst es auch garnicht -
Er ist viel zu groß
Als das du ihn begreifen könntest -
Hör" nur auf deine Stimme -
Und zögere nicht -
Heute sende ich Dich.
Das Ziel liegt vor dir -
Sieh niemals zur Seite -
Nimm diesen Brief und geh!
Immer wenn ich erfroren war, hast du für
mich das Eis getaut.Die Brücke zwischen
„Uns" war niemals auf Sand gebaut.
Ich halte dich ganz fest wenn die Kraft dich
verläßt.Du wohnst in meiner Seele und das
tut mir so gut.Ich bin bei dir und bleibe -
Ich bin immer bei Dir!

Wo geht es hier in die Freiheit?

In einer wunderschönen warmen gebauten Sandburg tief im Untergrund leben wir die vier kleinen Erdmännchen. Doch bevor diese Geschichte weiter geht möchten wir uns gerne erst einmal vorstellen.Nikita – Pinki – Tofu und Zorro.Wir sind die kleine Erdmänchen Rasselbande die hier tief unten in einer Sandburg wohnen.Mami und Papi haben uns hier ein wunderschönes zu Hause gebaut.Aber jetzt mitlerweile wir sind nun auch schon quadratisch eckich und rund etwas größer geworden.Darum ist es auf die dauer jetzt für uns zu eng hier unten. Außerdem darf ich Pinki nicht mehr in der Bauchkuhle meiner Schwester Tofu schlafen. Ne sie will ihr eigenes Reich in unserem so weichen Sandrondell.Wenn das unsere Eltern miterleben könnten,echt sie würden im Kreis direkt aus der Haut fahren denn so was geht doch nie nich garnicht.Schließlich hat einjeder auf den anderen Rücksicht zu nehmen so haben unsere Eltern uns schließlich mit ihrer Liebe erzogen.Schade daß sie auf Wanderschaft sind sonst hätte der Sand hier dolle gequalmt.Na gut was solls es ist halt nicht zu ändern.Faktum ist jedenfalls wir müssen uns so gut wie möglich arrangieren das ein jeder von uns sein eigenes Reich findet.Velleicht aber auch zweie zusammen das wäre vielleicht noch ein suppie Gedanke wert.Oh man oh man, ich hätte ja nie gedacht daß das mal zu einem Problem werden würde. Wie schade als unsere Eltern noch hier bei uns waren hatten wir komischer weise nicht diese Gedanken da durften wir den ganzen lieben langen Tag nur spielen schlafen und natürlich auch happy machen.Ja ihr habt recht um unser Essen müssen wir uns jetzt doch echt auch noch selber kümmern. Ist das denn gerecht? Vielleicht gehört so was ja auch zum normalen Leben nur wir haben davon keinerlei wie sagt man? Ahnung – Erfahrung? Oder so? Na egal wie auch immer daß große freie schöne spannende Leben werden wird, können wir Tag für Tag erfahren auch erleben oder nicht? Nikita hat schon Recht wenn sie immer wieder sagt: es iss doch nicht so einfach in den normalen Lebensalltag zu rutschen.Wir drei Mädchen sind halt etwas zarter beseitet meint Zorro unser Bruder in seiner kleinen auch härteren so stolzen Manneskraft. Unsere menschlichen Merkmale sind: gut riechende Nase große Augen-dafür kleine Ohren die jede Ameise krabbeln hört,ganz helle sind und weiche wuschige lange Schwänze ach ja fast hätte ich es wieder vergessen: unsere keinen praktischen langen Fussnägel sie sind zum graben und buddeln lebensnotwendich. Plötzlich hallte ein lauter piepton durch unseren Bau.Das war unsere Pinki sie meinte etwas sagen zu müssen denn wir turnten und quatschten grade mal eben wieder alle durcheinander.Nun hört mir doch mal bitte einmal zu. Ich habe so eben einen suppie genialen Gedanken in meine Gehirnzellen bekommen.Es war auf einmal alles still wie schön es geht doch dachte ich so bei mir.Also freunde aus dem Untergrund. Dahinten umma Ecke hab ich ein ganz tollen aber sehr schmalen Tunnel entdeckt da könnten wir vielleicht nach draußen in die Freiheit gelangen.Was haltet ihr denn von dieser Entdeckung?Es war immer noch still im sandigen engen Gemäuer. Ach ne das heißt ja kleine Sandburg.Nein auch nicht sondern:Heimat im Untergrund so ist es richtig!Ihr glaubt es kaum aus der Stille heraus wedelten plötzlich alle Geschwister mit ihren so niedlichen Schwänzen.Dies gehört zu unserer Erdmännchen Sprache und sollte heissen: jajajaja,wir wollen alle kriechen durch den neuen Tunnel.Na gut Freunde dann kriechen wir mal los.Wer geht aber zuerst? Ein Blick durch die runde und wie ich es nicht anders erwartet habe,Pinki,du kriechst zuerst. Ich? Warum!Och ja bitte bitte du hast doch den besten weitblick sagte Mami doch immer wenn wir oft auch keineLust hatten. Außerdem: Ne nenee Freunde. Nein jetzt gebe ich hier mal den Befehl! Los Nikita ran an Speck jetzt bist du mal dran. Sie versteckte sich so eben neben ihrer Schwester Tofu doch feige sein,hatte jetzt hier keinen Platz. Nach langem hin und her schlenderte sie ganz ganz langsam los.Nun mach doch mal hinne   etwas schneller, du tust so wie eine alte Oma.Aufeinmal flog mir eine neblige Sandbrise umme Ohren, daß war die Antwort von Niki wie ich sie gerne nannte. He bist du irre?Jetzt habe ich meine Augen voller Sand findeste das jetzt fair? Keine Antwort. Ich sah sie auch nicht mehr.Ich dachte grade nach wo sie denn sein könnten als ich merkte keiner ausser mir war mehr da!Tatsächlich war ich doch Mutterseelen allein am start ganz alleine und die anderen?Schlau wie sie denn doch alle waren. Meine Geschwister still noch stillerer heimlich und leise in der dichten Sandbrise sind Schwanz an Schwanz mit Niki aus dem Tunnel rausgekrochen.So sah es für mich zumindestens im Moment aus.Na toll dachte ich so bei mir. Denn mittlerweile rief auch mein Magen:Hunger Hunger"meine Zunge wurde immer dolle trockener was sollte ich tun?Plötzlich da-da kam mir eine Erleuchtung. Die großen Menschen sagen doch immer:wir die Erdmännchen seien schlaue Kerlchen und genau das werde ich jetzt beweisen.Auch ich, ganz heimlich still und leise doch mit wachen Augen rutschte ich auf allen vieren in die richtung meiner Geschwister.Hallo-Hallo iss da einer?Kann denn mich keiner hören? Dies iss doch kein Spiel schließlich such und brauche ich euch doch meine lieben Flitzer der Wüste.So hatte mein Papi uns genannt. Bitte bitte! Wo seid ihr denn abgeblieben?Bischen angst hatte ich schließlich auch in meinem Herzilein wenn einer weiß was ich meine!Wie das Schicksal manchmal so spielt höhrte ich etwas weiter weg so ein leises wimmern und pusten. Wer konnte denn das jetzt sein etwa ein fremder der auch die Freiheit suchte?Ich glaubte meinen Augen kaum

 was ich jetzt da zu sehen bekam. Wie ein
kleines Knäuel zusamengerollt leise leise
wimmernd hatten sich alle drei aneinander
gedrückt und schluchzten vor sich hin.Mein
Herz machte bumm bumm vor Freude sie
wieder gefunden zu haben.Sie konnten
sich kaum noch hin oder her drehen oder
bewegen warum? Jau das war doch klar
wie Kloßbrühe.Dieser ausgang war viel zu
eng.Ich habs ja geahnt doch auf mich eine
von den kleinsten, wollten sie ja nicht
hören. Alle drei waren wie schon immer,so
schlauer als ich, dachten sie.Im stillen
habe ich echt etwas schmunzeln müssen.
Nein ich bin nicht gemein das kam so
ganz von alleine.Habt Ihr daß auch etwa
schonmal erlebt? Na dann könnt Ihr mich
doch verstehen oder nicht? Ist mir jetzt
auch egal denn jetzt mußte ich handeln
helfen oder sogar retten.Mein Freund
sagte mal zu uns:Die Hoffnung stirbt
zuletzt. Also eine neue Strategie mußte her
aber wie denn?Kaum gedacht da muckte
Zorro aus dem Hintergrund auf.Er war

der größte von uns allen.So hatte sich aber
hinten als letzter angescwänzelt.Ja ja ich
weiß ,auch in der Not konnte ich mal lustig
sein.Obwohl soeben eine kleine Träne aus
meinen Äuglein kullerte.Doch eine Lösung
wie wir nun aus diesem sandkies und
glitschiegem Lehmkanal rauskämen, war
noch nicht in meinen Gehirnzellen auch mit
großem nachdenken, angekommen.Das
glaubt jetzt keiner.Mein Schwesterherz
Tofu rutschte aus dem Geschwister
Knäuel umma Ecke raus und meinte in
ihrem jugendlichen Leichtsinn,pieppiep ich
hab eine Adee. Meinte sie etwa Idee?Na is
ja jetzt piep egal ich war gespannt was
jetzt kam.Ich, Tofu meine Figur iss dünn
wie ein Model. Ich werde versuchen als
erste durch das loch am Ende des Tunnels
zu kriechen. Dann nage und beiße ich das
loch immer größer solange meine kraft das
noch her gibt und dann sind wir alle vier in
der Freiheit.Was haltet ihr denn von dieser
intelligenten Adee?Wir konnten kaum noch
was sagen denn die nebelig riechende

Luft wurde schon ganz dünne. Kaum ausgesprochen robbte Tofu auf ihrem Bäuchlein schon in richtung zum hellen Ausgang in unsere Freiheit? Mittlerweile hatten wir schon fast panik bekommen doch plötzlich:Hurra Hurra-mein lieber Gott konnte es denn war sein es machte einen mittleren Bumms und nach aller Panik und angstattacken, rutschten wir alle vier in die so langersehnte Freiheit.Der liebe Gott hatte uns bestimmt einen Schutzengel geschickt,denn ohne ihn hätten wir diese nassen sandigen lehmartigen steinigen kriechaktionen niemals geschafft.Schlapp und nur noch müde mussten wir uns erst einmal alle abknuddeln und lieb haben. Sogar unsere wuscheligen Schwänzchen waren noch ganz dicht geschwisterlich aneinander gewuselt.Unser Zoro der robuste so starke Bruder sagte jetzt nur noch ganz kleinlaut und tief pustend und durchschnaufend:He freunde der Sonne haben wir diesen Durchmarsch nicht alle miteinander Hand in Hand geschafft? Ja

meinte Nickita wo du recht hast, da haste recht.Mußte ich ja leider gestehen denn wann gibt man schon etwas freiwillig zu? Und dann auch noch dem eigenen großen Bruder.Ist jetzt doch auch egal flüsterte Tofu mir ins Öhrchen.Doch jetzt laßt uns mal schnellstens nachgrübeln oder wie hieß das Wort nochmal?Egal wie auch immer es wird jetzt Zeit schon bald iss es Nachtich dumpel und dann??
Also Schritt für Schritt der reihe nach und schön dicht beinander, hüpften wir durch den Strauchurwald. Doch was war denn das?Plötzlich war vor uns ein ganz ganz dunkler struppiger dunkler großer Strauch.Tofu zitterte am ganzen Körper und ließ mich nicht mehr los.Aber hallo meine kleine Schwester nu mal langsam wir sind doch alle bei dir. Jaja iss schon gut so aber ich will zu meine Mami,bitte bitte bitte.Was soll ich noch sagen. Mitten in diesem Satz und Zitterei ging dieser große Busch inne mitte auseinander.Wie soll ich jetzt sagen. Nun zitterte ich selber. Meine

kleine Niki mußte vor angst mal eben pipie so einfach mitten inne Natur das hatte die Mami uns eigentlich verboten.Immer schön ordentlich an einem Baumstamm wie es sich für gut erzogene und liebe kleinere Erdmännchen halt gehört. Schwamm drüber und auf den sich teilenden Strauch mit kleinen Äuglein geschaut.Das glaubt mir keiner was ich euch jetzt verrate:Alle viere fingen wir gaaanz laut an zu schreien denn ja echt! Hurra Hilfe iss es denn wahr? Vor uns standen lachend in die Pfötchen klatschend und mit starken Schwänzchen wedelnd unsere Mami und unser starker Papi!Aber hallo von wo kommt ihr denn her?Die Tränen liefen uns jetzt literweise durch unser Fell und noch vieles mehr.Vor lauter Freude war halt alles wuselig sehr durcheinander. Nur unsere Eltern nicht sie standen leibhaftich vor uns und wir durften uns alle endlich wieder an ihren Bauch kuscheln!Boheh war dass ein schönes starkes Gefühl von Geborgenheit und Wärme. Na das kennt ihr doch bestimmt alle selber aus eurer Kinderzeit.Aber dem war ja noch nicht genug.Denn unser Papi machte seine Kulleraugen ganz weit auf hob seine Zeigepfötchen!(auch als ein Zeigefinger genannt)Nun hört mir mal gut zu ihr kleine Rasselbande ich habe euch jetzt erstmal was zu sagen.Na gut in Reih und Glied brav aussehend spitzten wir unsere Öhrchen(eigentlich hatten wir aber dolle Durst und Happy Hunger)Na egal es war jetzt erstmal:gehorsam angesagt!Dann meinte Papi mit seiner ruhigen Stimme:Ihr kleinen Schlawiener seit ja echt mutig gewesen daß ihr euch diesen schweren Weg zugemutet und auch geschafft habt.Aber hallo was sollte das jetzt?Pst pst leise - still sein wenn Eltern reden!Jaja auch wir haben hier draußen echt Angst um euch kleinen Racker gehabt.Ihr müßt wissen die Gefahrenzone hier in der freien Natur ist riesengross und sehr gefährlich. Zorro war wiedermal kess und vorlaut:aber wo denn hier iss doch alles so ruhig und friedlich! Ja das denkt ihr so mit eurem kleinen kindlichen Leichtsinn.Der liebe Gott hat noch viele viele andere Tiere in der Natur geschaffen und auch sie leben hier mitten unter uns.Wie zum Beispiel: der Adler -Uhu – Füchse – Wölfe und soweiter. Das ihr diesen Gefahren nicht ausgesetzt werdet haben wir hier am ende des sandigen Heimat Tunnels auf euch kleinen süßen gewartet.Denn ihr sollt für immer wissen: wir eure Eltern werden immer und überall auf euch warten und für euch dasein.Es ist egal wo ihr euch noch aufhaltet,piep piep,piep,unser Alarmton führt uns immer wieder zusammen.Auch wenn nicht werdet ihr auch viele andere Freunde finden die zur Stelle sind wenn ihr sie braucht.Hurra hurra das höhrte sich doch echt elterlich lieb an.Vor lauter Wiedersehensfreude sprangen wir alle viere in unsere Mam-Papi Arme.Was solln wir euch noch sagen als sie sich dann umdrehten stand vor uns ein gedeckter Tisch mit vielen leckeren Sachen aus der Natur.Da wir beim Essen doch nicht reden

dürfen sagen wir jetzt einfach,lecker-lecker
und:Paßt alle gut auf euch auf und hört
immer auf eure Eltern daß kann im Leben
nie verkehrt sein.Unsere kleine Pinki hat
noch ein liebes Wort zum Schluß:
Mit dir geh ich durch dick und dünn!
Die Erdmännchen:Pinki -Tofu – Nikita und
der starke Zorro grüßen euch alle aus der
Erdigen – Sandigen Natur.

Nicht soviele Tage hat das Jahr -
wie der Fuchs am Schwanz hat Haar!

Nimm dir Zeit zum Träumen -
Das ist vielleicht der Weg zu den Sternen!

Die Dummheit ist das sonderbarste aller
Krankheiten -
Der Kranke leidet niemals an ihr -
Aber die anderen Leiden.

Zehn Tipps für jeden Tag.

Entscheiden Sie sich dafür zufrieden zu sein. Nehmen Sie heute alles so wie es ist oder kommen mag ohne sich darüber zu beklagen! Kümmern Sie sich um ihre Gesundheit aber überfordern sie diese nicht ! Trainieren sie ihren Geist vielleicht mit einem guten Buch!
Machen Sie drei Seelenübungen:Tun Sie jemandem einen Gefallen ohne dass er es merkt und erledigen Sie zwei Dinge die Sie nicht gerne tun!
Machen Sie sich hübsch und loben Sie sich!
Leben Sie allein für diesen Tag. Morgen ist und bleibt Morgen!
Teilen Sie ihre Zeit genaustens ein so daß Sie sich nicht abhetzen müssen!
Verbringen Sie eine ruhige halbe Stunde mit dem lieben Gott!
Sind Sie Dankbar dafür!

Purzelbäume der Liebe.

Nur die Liebe – Nur die Wahrheit -
Schafft immer wieder verzauberte Wunder.
Auch wenn kein Mensch an Deine Träume
Ideen und Wünsche glaubt -
Du aber glaube daran und verwirkliche sie!
Wenn Du in Deinem Herzen fühlst dass Du
Dinge tun musst die in die Wirklichkeit
kommen wollen aber alle sagen:"Laß das!"
dann sollte Dir das Ansporn genug sein,
dieses trotzdem zu tun!
Wenn Du dann Deinen Weg gehst mutig
fröhlich und mit Freude im Herzen -
wieder andere meinen:So kommst Du
doch niemals voran!"
Niemals laß Dich verunsichern gerade
deshalb schreite Kraftvoll grade aus!"
Wenn Du dann auch noch die Liebe im
Herzen fühlst dann verschließe nicht Dein
Herz sondern öffne es ganz ganz weit und
lebe die Liebe!So wünsche ich Dir aus
tiefstem Herzen dass Du in Deinem Leben
niemals verlernst zu LIEBEN!"

Wieviel Löcher hat ein Käse?

Mäuschen Mäuschen du mußt wandern
wandern von dem einen Loch zum andern.
Ist so herrlich wunderschön leider das
Mäuschen Luci muß jetzt gehen!
Aber nein liebe Freunde so schnell geht
die kleine Luci doch nicht wech denn erst
jetzt fängt diese Geschichte so richtig
heftich mit krawumm dolle an.Ganz früh
am morgen. Luci iss auch schon sauber
gewaschen mit Wasser und Seifenatürlich.
Aber nein Zähneputzen gehörte auch zur
Mäusereinlichkeit.Und so einfach von ganz
alleine knurrtenoch der kleine Magen.In
ihren Gedanken sah sie schon dengroßen
leckeren den durchlöcherten runden Käse
auf dem gedeckten Tisch.Ihr gruselfreund
der Kater Peter pflegt immer zu sagen
wenn er mich ärgern wollte:Vorfreude iss
doch die beste Freude.Nannte man das
früher auch Schabernack?Luci wußte es
auch nicht mehr so genau.Na gut wie dem

auch sei.Dieser Kater war in Lucis kleinem Köpfchen wie ein Gespenst.Man könnte ihn auch Schrecken der Mäusewelt nennen.Fakt war daß dieser Kater es doch schon ewig lange auf die kleine Luci abgesehen hatte.Vor Freude klatschte sie in ihre Mäusepfötchen hoppe die hopp war sie schon im Temporausch umma ecke wie ein Blitz.So schnell konnte Katerle weder riechen noch schnuppern.Miau..
Doch am heutigen Tag war Luci dies alles doch schnuppe und egal. Dieser plagende Hunger in dem so kleinen Magen war so heftich groß daß sie kaum noch Denken konnte. Wieder kam dieses durchlöcherte runde etwas in ihre Gedanken geplumst. Jaja richtig oh wie grausam zu meinem dollen Hunger machte sich meine Frage breit: Wieviel Löcher hat denn nun solch ein Käse?Sie konnte sich im Moment nicht einmal entscheiden. Wo sollte sie nun beginnen anzubeissen????Loch an Loch! Brauchte man dafür vielleicht:Akamie und Unität? Weiß nicht der gesamte Mäuseclan

konnte mir keine Erklärung dazu geben.In gewisser weise iss daß doch ganz schön traurig denn mit Käselöchern haben alle Mäuse nicht immer aber immer öfter zu tun.Zum Verständniss aller: auch wir haben es manchesmal schwer in unserem tierischen Leben.Doch diese kleine Luci war noch cleverer. Sie mußte mal eben scharf nachdenken an welchem Loch sie als erstes anbeißen könnte oder auch nicht denn ihre Äuglein liefen schon wieder im Kreis wegen diesem:Loch an Loch.Oh man eh,iss das schawierig.Daß war echt dolle schalimm.Kater Peter lauerte schon wieder gierich umma Ecke um Luci beim kauen und genießen zu erwischen.Ich lach mich vom Sofa auch Mäuses sind schlau.Vor diesem lochigen Käse sitzend mit großen rundlaufenden Augen hatte sie doch nun tatsächlich das knurrende Bäuchlein vergessen denn auch Luci sah den Feind im Blickwinkel ihrer Augen.Darum bleibt die Frage offen:Wieviel Löcher hat denn nun ein Käse?Weiß es einer von Euch ?

Aufhören-Schluß und Vorbei.

In einem Supermarkt hatte sich an der Kasse eine kilometerlange Schlange gebildet.Vor mir steht eine ältere Dame die gerade ihren Einkauf bezahlte.Hinter dieser Dame steht eine junge Mutter mit ihrem Söhnlein und ebenfalls einem vollen Einkaufswagen.Da fängt doch plötzlich dieser kleine Junge an voller Ungeduld und Übermut mit dem Einkaufswagen seiner Mutter, der älteren Dame in die Beine zu fahren.Einmal übersieht es die Frau höflich doch der Junge macht einfach weiter.Diesesmal sagt die Dame freundlich zu dem Jungen:Kannst du das bitte lassen, denn daß tut mir doch weh!"Lachen und kreischen. Doch der Junge hört immer noch nicht auf der Wagen rollte rollte wieder an die Beine.Alle anderen Kunden sie bekommen große Augen. Wie kann so was angehen?Jetzt hat die ältere Dame genug und wendet sich an die Mutter des

Jungen.Könnten sie ihrem kleinen tobenden Jungen endlich vielleicht lieb bitte sagen:Dass er damit aufhört? Pause! Dann antwortet die Mutter sehr frech: Mein Kind ist doch antiautoritär erzogen es weiß von alleine wann es aufhören muß! Vor lauter staunen iss die ältere Dame jetzt sprachlos.Den Jungen interressiert das ganze aber nicht die Bohne. Er schiebt cool weiter gegen die Beine der Dame.Man glaubt es kaum die junge Mutter lächelt sogar darüber!Aber nun kommts!Hinter der Mutter steht ein ebenfalls junger Mann mit einem Honiglas in seiner Hand und wartet auf die baldige Bezahlung.Der Mann schaut hinter sich in die Runde.Dann schraubt er gaaanz ganz langsam in aller Ruhe dieses Honiglas auf und gießt der Mutter den flüssigen zähen klebrigen Honig über ihren Kopf und sagt: Auch ich bin so"ANTIAUTORITÄR"erzogen erzogen!"Dieses Verhalten des Jungen und seiner Mutter spiegelt doch wieder daß wir Menschen immer meinen:alles

gehört uns ganz allein!
Vielleicht gießt uns mal jemand ein Glas
Honig über unseren Kopf damit wir auch
merken so kann es doch im heutigen
Leben nicht weitergehn.Jetzt erst nahm die
junge Mutter ihren Jungen.Dabei hätte sie
fast ihren Einkauf vergessen und ging
nach Hause.Doch die ältere Dame, Sie
bedankte sich bei dem Herrn und
meinte:Es war halt früher doch eine
bescheidene und höflichere Zeit!

Wer keinen Mut zum Träumen hat-
Der hat auch keine Kraft zu kämpfen!"

Hier ist ein Mensch!
Kennst du seinen Namen?
Kennst du seine Sorgen?
Hier ist ein Mensch!"
So und nun mach ich Schluß denn mein
Teleklingel hat gefont und dadurch bin ich
von der Bumms getreppt!

Inhaltsverzeichniss

Notizen

Notizen

-88-

Notizen

Herstellung und Verlag:
Books on Demand GmbH, Norderstedt
ISBN 978-3-8370-9907-2